AF200051

Impressum
Verlag: BABADADA GmbH, Nedderfeld 112 , 22529 Hamburg
Geschäftsführer / Verlagsleitung: Harald Hof
Druck: Books on Demand GmbH, In de Tarpen 42, 22848 Norderstedt

Imprint
Publisher: BABADADA GmbH, Nedderfeld 112 , 22529 Hamburg, Germany
Managing Director / Publishing direction: Harald Hof
Print: Books on Demand GmbH, In de Tarpen 42, 22848 Norderstedt

Schule

school

dividieren
delen

186/2

Klassenzimmer
klaslokaal

Schulhof
speelplaats

Tafel
bord

Lehrer
leerkracht

Papier
papier

schreiben
schrijven

Stift
pen

Schreibtisch
bureau

Lineal
liniaal

Buch
boek

Schüler
leerling

Ranzen

schooltas

Federmappe

pennenzak

Bleistift

potlood

Bleistiftanspitzer

puntenslijper

Radiergummi

gom

Zeichenblock

tekenblok

Zeichnung

tekening

Pinsel

verfborstel

Malkasten

verfdoos

Schere

schaar

Klebstoff

lijm

Übungsheft

werkboek

Hausaufgabe

huiswerk

Zahl

nummer

addieren

optellen

subtrahieren

aftrekken

multiplizieren

vermenigvuldigen

rechnen

rekenen

Buchstabe

letter

Alphabet

alfabet

Wort

woord

Text
tekst

lesen
Lezen

Kreide
krijt

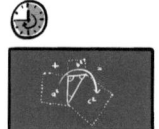

Stunde
les

Klassenbuch
klassenboek

Prüfung
examen

Zeugnis
certificaat

Schuluniform
schooluniform

Ausbildung
onderwijs

Lexikon
encyclopedie

Universität
universiteit

Mikroskop
microscoop

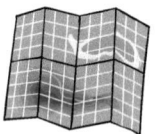

Karte
kaart

Papierkorb
papiermand

Schule - school

Reise
reis

Hotel
hotel
Grand
Herberge
jeugdherberg
ROOMS
EXCHANGE
Wechselstube
wisselkantoor
Koffer
koffer
Auto
auto

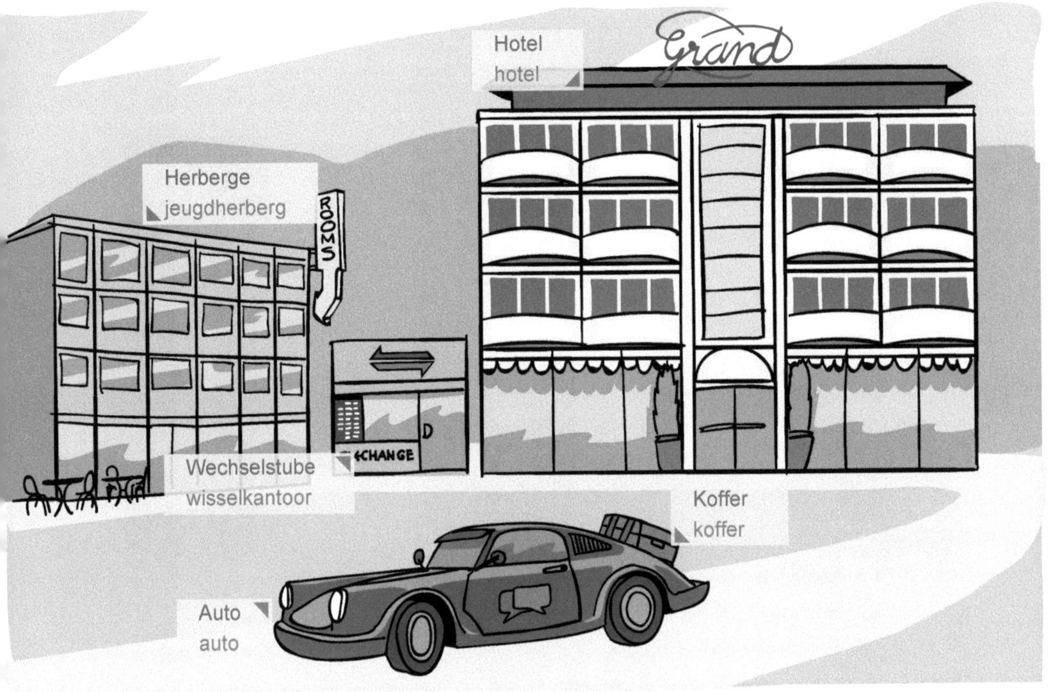

Sprache

Taal

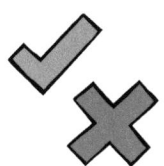

ja / nein

ja / nee

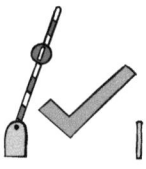

Okay

oké

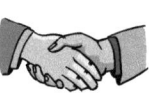

Hallo

hallo

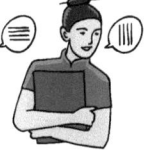

Übersetzer

vertaler

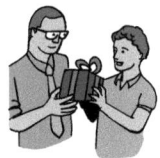

Danke

bedankt

Was kostet…?

Hoeveel kost …?

Ich verstehe nicht

Ik begrijp het niet

Problem

probleem

Guten Abend!

Goedenavond!

Guten Morgen!

Goedemorgen!

Gute Nacht!

Goedenavond!

Auf Wiedersehen

Tot ziens

Richtung

richting

Gepäck

bagage

Tasche

zak

Rucksack

rugzak

Gast

gast

Zimmer

kamer

Schlafsack

slaapzak

Zelt

tent

Touristeninformation

toeristeninformatie

Strand

strand

Kreditkarte

kredietkaart

Frühstück

ontbijt

Mittagessen

lunch

Abendessen

avondeten

Fahrkarte

ticket

Fahrstuhl

lift

Briefmarke

postzegel

Grenze

grens

Zoll

douane

Botschaft

ambassade

Visum

visum

Pass

paspoort

Transport
transport

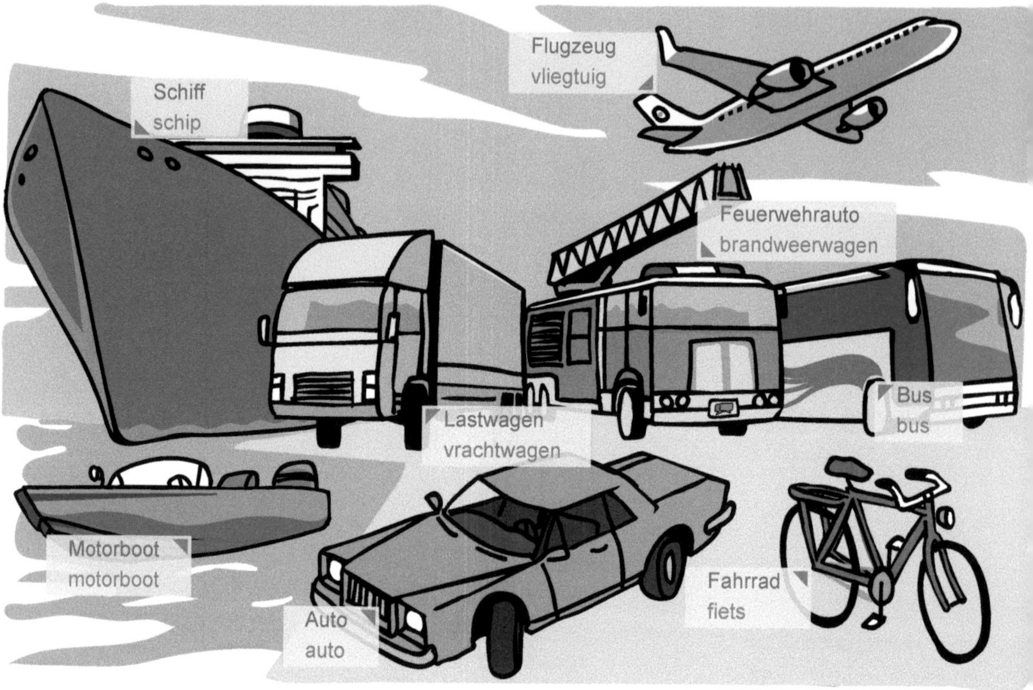

Flugzeug
vliegtuig
Schiff
schip
Feuerwehrauto
brandweerwagen
Lastwagen
vrachtwagen
Bus
bus
Motorboot
motorboot
Fahrrad
fiets
Auto
auto

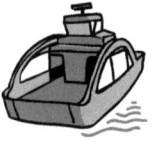

Fähre

veerboot

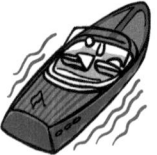

Boot

boot

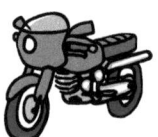

Motorrad

motor

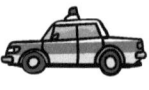

Polizeiauto

politiewagen

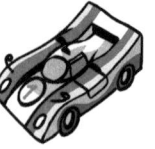

Rennauto

racewagen

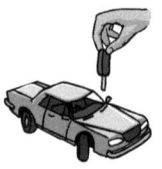

Mietwagen

huurauto

Carsharing

carpoolen

Abschleppwagen

sleepwagen

Müllauto

vuilniswagen

Motor

motor

Kraftstoff

benzine

Tankstelle

benzinestation

Verkehrsschild

verkeersbord

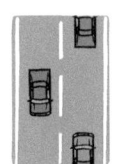

Verkehr

verkeer

Stau

file

Parkplatz

parkeerplaats

Bahnhof

station

Schienen

sporen

Zug

trein

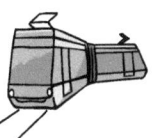

Straßenbahn

tram

Wagon

wagon

Helikopter

helikopter

Flughafen

luchthaven

Tower

toren

Passagier

passagier

Container

container

Karton

karton

Karren

kar

Korb

mand

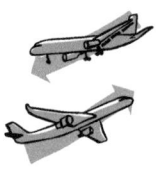

starten / landen

opstijgen / landen

Stadt
stad

Dorf

dorp

Stadtzentrum

stadscentrum

Haus

huis

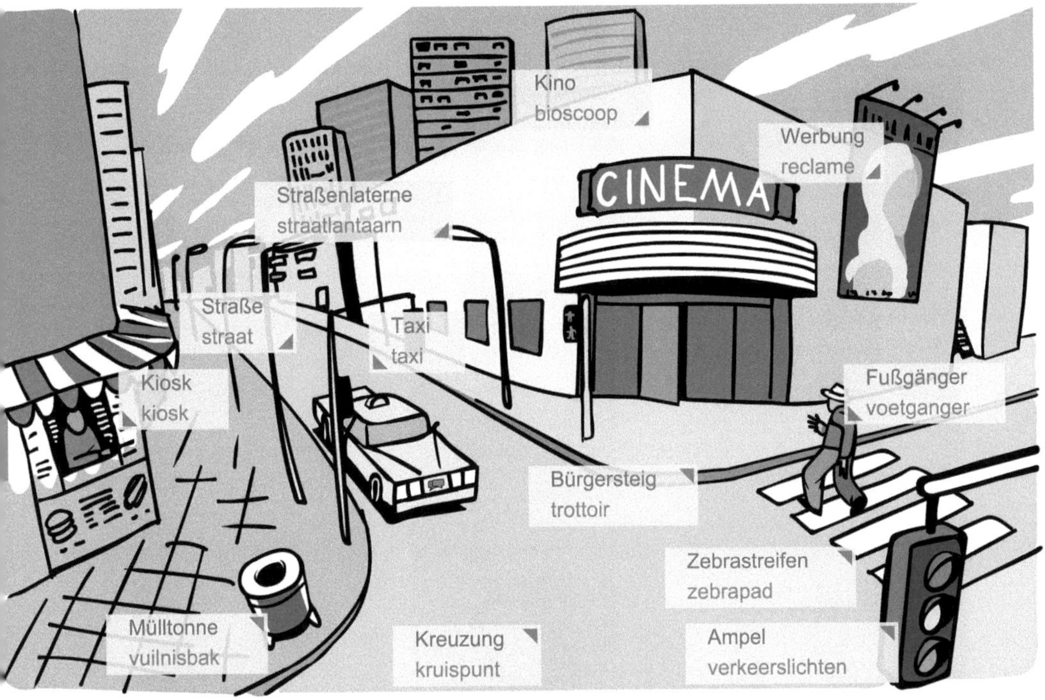

Hütte
hut

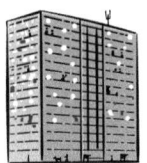

Wohnung
woning

Bahnhof
station

Rathaus
stadshuis

Museum
museum

Schule
school

Universität

universiteit

Bank

bank

Krankenhaus

ziekenhuis

Hotel

hotel

Apotheke

apotheek

Büro

kantoor

Buchhandlung

boekwinkel

Geschäft

winkel

Blumenladen

bloemenwinkel

Supermarkt

supermarkt

Markt

markt

Kaufhaus

warenhuis

Fischhändler

vishandelaar

Einkaufszentrum

winkelcentrum

Hafen

haven

Park

park

Bank

bank

Brücke

brug

Treppe

trap

U-Bahn

metro

Tunnel

tunnel

Bushaltestelle

bushalte

Bar

bar

Restaurant

restaurant

Briefkasten

brievenbus

Straßenschild

straatnaambord

Parkuhr

parkeermeter

Zoo

zoo

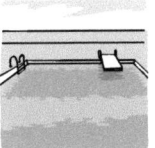

Badeanstalt

zwembad

Moschee

moskee

Stadt - stad

Bauernhof

boerderij

Umweltverschmutzung

milieuverontreiniging

Friedhof

kerkhof

Kirche

kerk

Spielplatz

speelplaats

Tempel

tempel

Landschaft
landschap

Blatt
blad

Wegweiser
wegwijzer

Weg
weg

Wiese
weide

Stein
steen

Baum
boom

Wanderer
wandelaar

Fluss
rivier

Gras
gras

Blume
bloem

Tal

vallei

Berg

heuvel

See

meer

Wald

bos

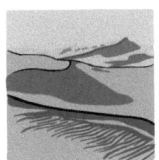

Wüste

woestijn

Vulkan

vulkaan

Schloss

kasteel

Regenbogen

regenboog

Pilz

paddenstoel

Palme

palmboom

Moskito

mug

Fliege

vlieg

Ameise

mier

Biene

bijl

Spinne

spin

Käfer

kever

Frosch

kikker

Eichhörnchen

eekhoorn

Igel

egel

Hase

haas

Eule

uil

Vogel

vogel

Schwan

zwaan

Wildschwein

wild zwijn

Hirsch

hert

Elch

eland

Staudamm

dam

Windrad

windturbine

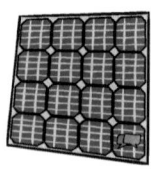

Solarmodul

zonnepaneel

Klima

klimaat

Restaurant
restaurant

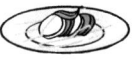

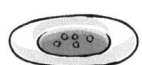

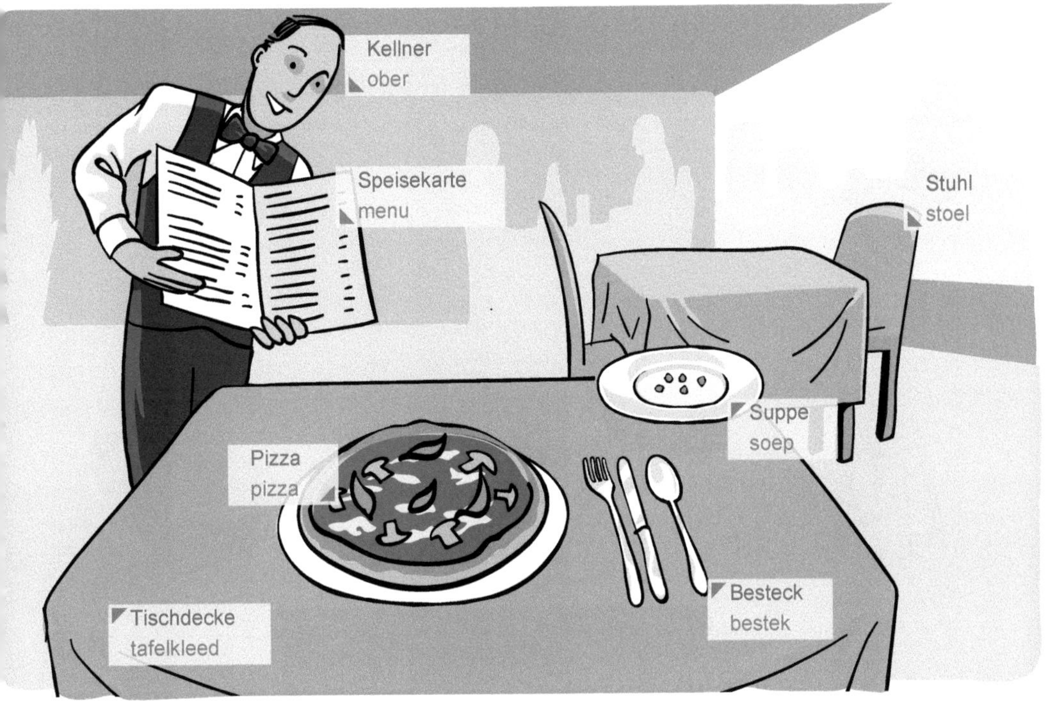

Kellner
ober
Speisekarte
menu
Stuhl
stoel
Suppe
soep
Pizza
pizza
Besteck
bestek
Tischdecke
tafelkleed

Vorspeise

voorgerecht

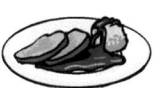

Hauptgericht

hoofdgerecht

Nachspeise

nagerecht

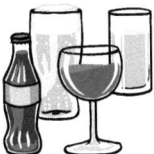

Getränke

drankjes

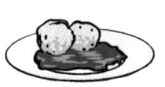

Essen

eten

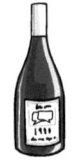

Flasche

fles

Fastfood

fastfood

Streetfood

street food

Teekanne

theepot

Zuckerdose

suikerpot

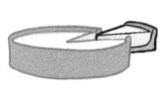

Portion

portie

Espressomaschine

espressomachine

Hochstuhl

kinderstoel

Rechnung

rekening

Tablett

dienblad

Messer

mes

Gabel

vork

Löffel

lepel

Teelöffel

theelepel

Serviette

serviette

Glas

glas

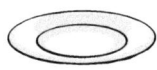

Teller

bord

Suppenteller

soepbord

Untertasse

schoteltje

Sauce

saus

Salzstreuer

zoutvatje

Pfeffermühle

pepermolen

Essig

azijn

Öl

olie

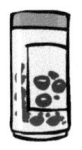

Gewürze

kruiden

Ketchup

ketchup

Senf

mosterd

Mayonnaise

mayonaise

Supermarkt
supermarkt

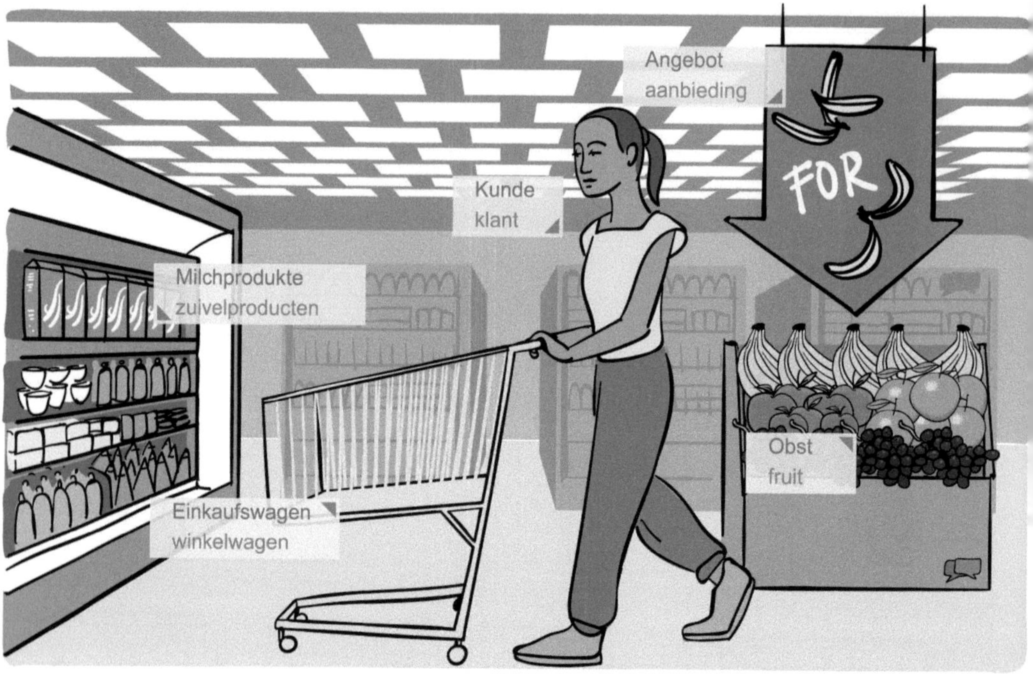

Angebot
aanbieding
FOR
Kunde
klant
Milchprodukte
zuivelproducten
Obst
fruit
Einkaufswagen
winkelwagen

BUTCHERS

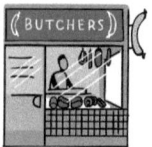

Schlachterei

slagerij

BAKERY

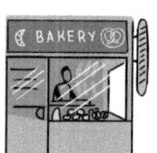

Bäckerei

bakkerij

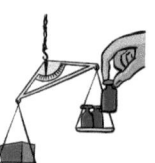

wiegen

wegen

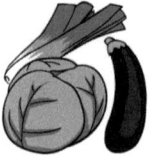

Gemüse

groenten

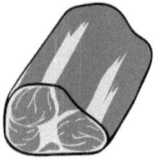

Fleisch

vlees

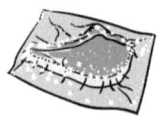

Tiefkühlkost

diepvriesvoedsel

Aufschnitt

charcuterie

Konserven

conserven

Waschmittel

waspoeder

Süßigkeiten

snoep

Haushaltsartikel

huishoudproducten

Reinigungsmittel

schoonmaakproducten

Verkäuferin

verkoopster

Kasse

kassa

Kassierer

kassier

Einkaufsliste

boodschappenlijstje

Öffnungszeiten

openingstijden

Brieftasche

portefeuille

Kreditkarte

kredietkaart

Tasche

tas

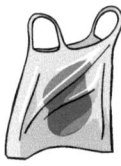

Plastiktüte

plastieken zakje

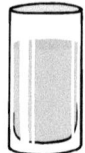

Wasser

water

Saft

sap

Milch

melk

Cola

cola

Wein

wijn

Bier

bier

Alkohol

alcohol

Kakao

cacao

Tee

thee

Kaffee

koffie

Espresso

espresso

Cappuccino

cappuccino

Banane

banaan

Apfel

appel

Orange

sinaasappel

Melone

meloen

Zitrone

citroen

Karotte

wortel

Knoblauch

knoflook

Bambus

bamboe

Zwiebel

ajuin

Pilz

champignon

Nüsse

noten

Nudeln

noodles

Spaghetti

spaghetti

Reis

rijst

Salat

salade

Pommes frites

frieten

Bratkartoffeln

gebakken aardappelen

Pizza

pizza

Hamburger

hamburger

Sandwich

sandwich

Schnitzel

kalfslapje

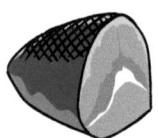

Schinken

ham

Salami

salami

Wurst

worst

Huhn

kip

Braten

braden

Fisch

vis

Haferflocken

havervlokken

Müsli

muesli

Cornflakes

cornflakes

Mehl

bloem

Croissant

croissant

Brötchen

pistolet

Brot

brood

Toast

toast

Kekse

koekjes

Butter

boter

Quark

kwark

Kuchen

taart

Ei

ei

Spiegelei

spiegelei

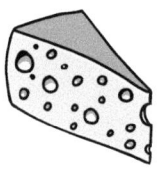

Käse

kaas

Eiscreme

ijs

Zucker

suiker

Honig

honing

Marmelade

confituur

Nougat-Creme

choco

Curry

curry

Bauernhof
boerderij

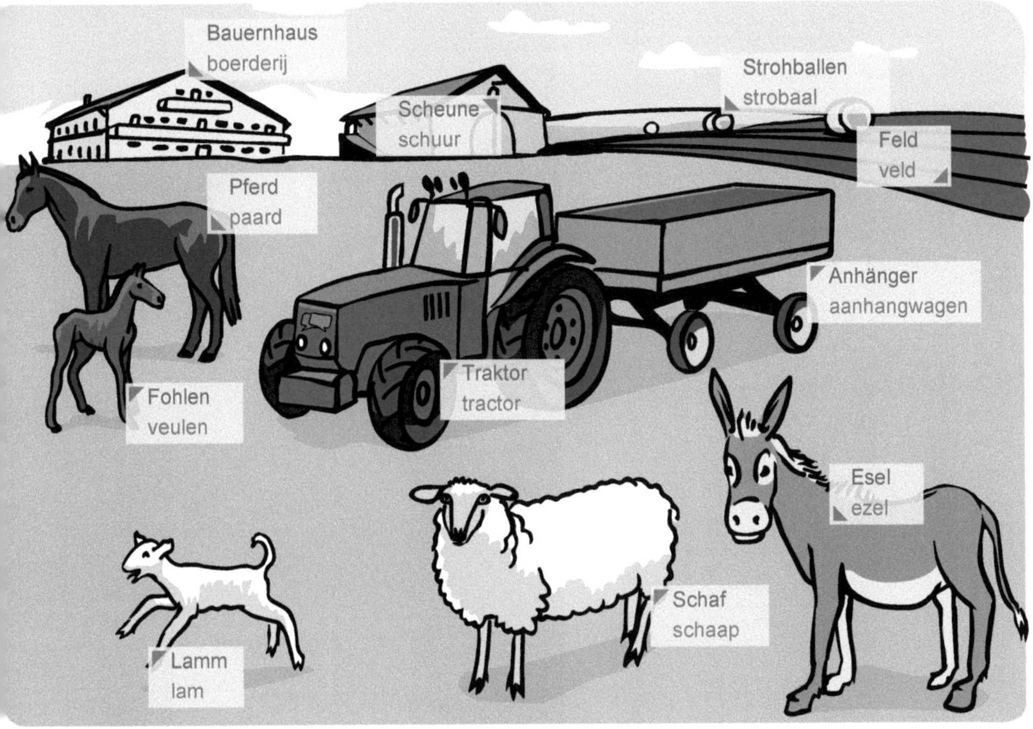
Bauernhaus
boerderij
Strohballen
strobaal
Scheune
schuur
Feld
veld
Pferd
paard
Anhänger
aanhangwagen
Traktor
tractor
Fohlen
veulen
Esel
ezel
Schaf
schaap
Lamm
lam

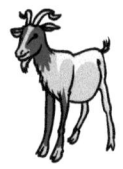

Ziege

geit

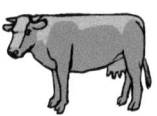

Kuh

koe

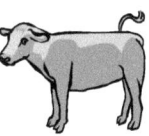

Kalb

kalf

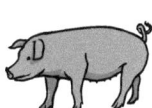

Schwein

varken

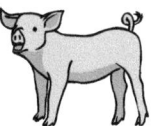

Ferkel

biggetje

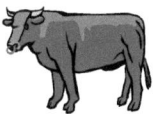

Bulle

stier

Gans

gans

Ente

eend

Küken

kuiken

Huhn

kip

Hahn

haan

Ratte

rat

Katze

kat

Maus

muis

Ochse

os

Hund

hond

Hundehütte

hondenhok

Gartenschlauch

tuinslang

Gießkanne

gieter

Sense

zeis

Pflug

ploeg

Sichel

sikkel

Hacke

schoffel

Mistgabel

hooivork

Axt

bijl

Schubkarre

kruiwagen

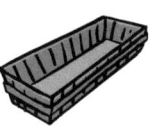

Trog

trog

Milchkanne

melkkan

Sack

zak

Zaun

hek

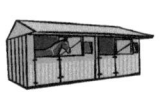

Stall

stal

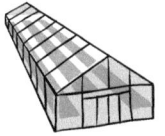

Treibhaus

broeikas

Boden

bodem

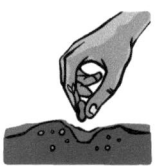

Saat

zaad

Dünger

mest

Mähdrescher

maaidorser

ernten

oogsten

Ernte

oogst

Yamswurzel

yam

Weizen

tarwe

Soja

soja

Kartoffel

aardappel

Mais

maïs

Raps

koolzaad

Obstbaum

fruitboom

Maniok

maniok

Getreide

graan

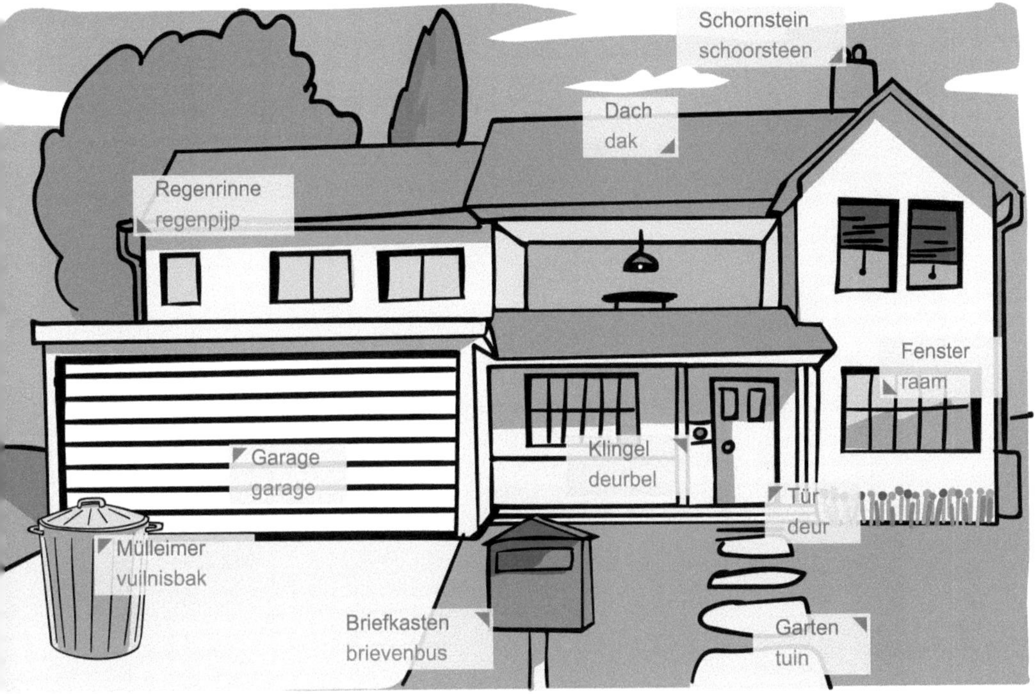

Schornstein
schoorsteen

Dach
dak

Regenrinne
regenpijp

Fenster
raam

Garage
garage

Klingel
deurbel

Tür
deur

Mülleimer
vuilnisbak

Briefkasten
brievenbus

Garten
tuin

Wohnzimmer

woonkamer

Badezimmer

badkamer

Küche

keuken

Schlafzimmer

slaapkamer

Kinderzimmer

kinderkamer

Esszimmer

eetkamer

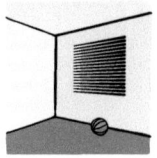

Boden
vloer

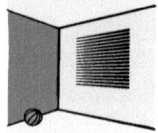

Wand
muur

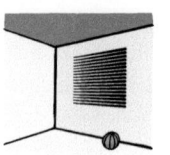

Decke
plafond

Keller
kelder

Sauna
sauna

Balkon
balkon

Terrasse
terras

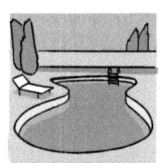

Schwimmbad
zwembad

Rasenmäher
grasmaaier

Bettbezug
dekbedovertrek

Bettdecke
dekbed

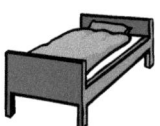

Bett
bed

Besen
bezem

Eimer
emmer

Schalter
schakelaar

Wohnzimmer
woonkamer

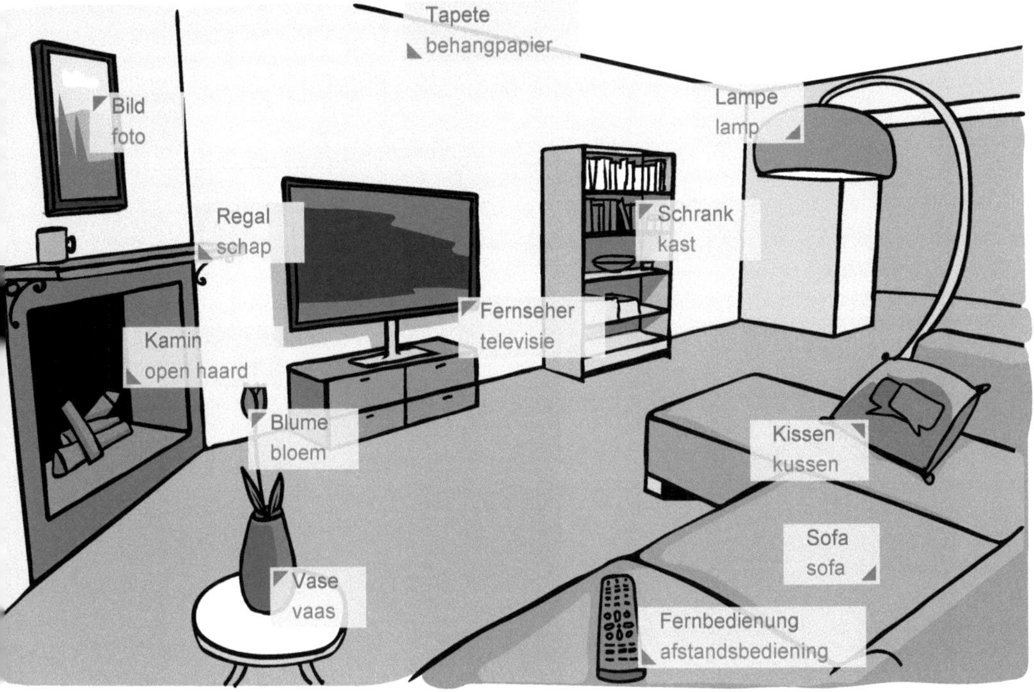
Tapete
behangpapier
Bild
foto
Lampe
lamp
Regal
schap
Schrank
kast
Fernseher
televisie
Kamin
open haard
Blume
bloem
Kissen
kussen
Sofa
sofa
Vase
vaas
Fernbedienung
afstandsbediening

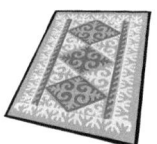

Teppich
mat

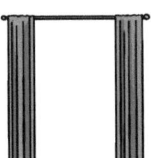

Vorhang
gordijn

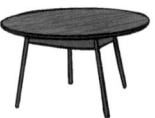

Tisch
tafel

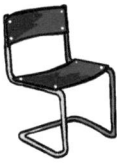

Stuhl
stoel

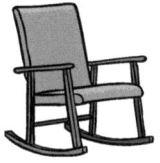

Schaukelstuhl
schommelstoel

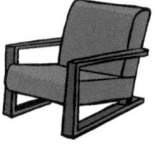

Sessel
fauteuil

Buch

boek

Decke

deken

Dekoration

decoratie

Feuerholz

brandhout

Film

film

Stereoanlage

stereo-installatie

Schlüssel

sleutel

Zeitung

krant

Gemälde

schilderij

Poster

poster

Radio

radio

Notizblock

notitieboekje

Staubsauger

stofzuiger

Kaktus

cactus

Kerze

kaars

Küche
keuken

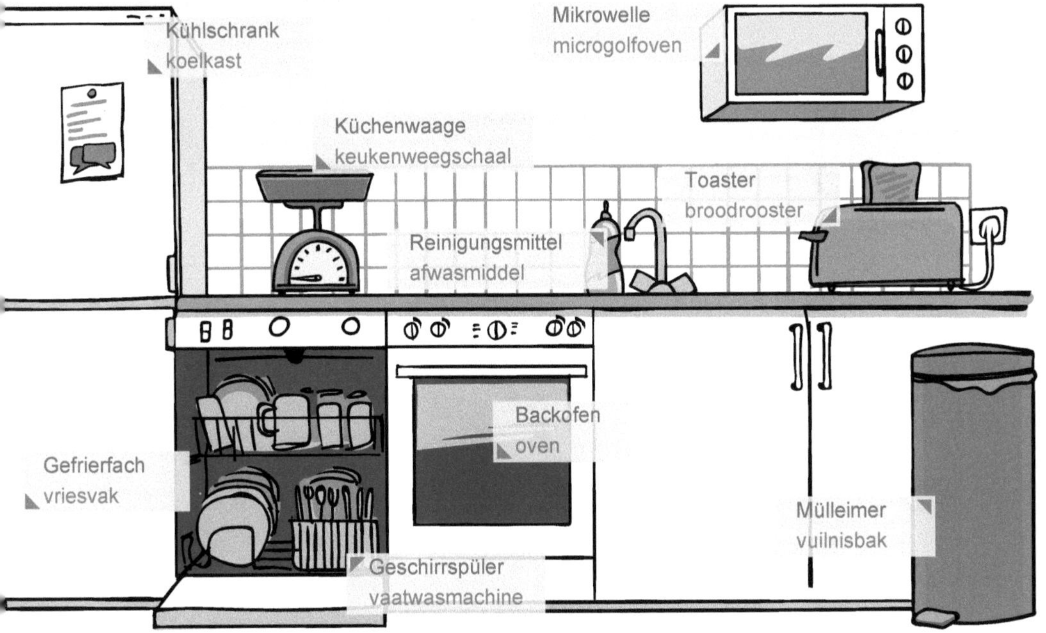
Kühlschrank
koelkast
Mikrowelle
microgolfoven
Küchenwaage
keukenweegschaal
Toaster
broodrooster
Reinigungsmittel
afwasmiddel
Backofen
oven
Gefrierfach
vriesvak
Mülleimer
vuilnisbak
Geschirrspüler
vaatwasmachine

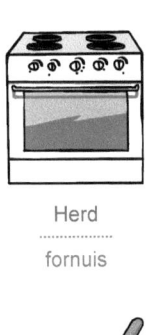

Herd
fornuis

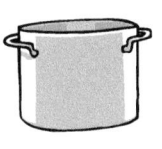

Topf
pot

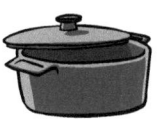

Eisentopf
gietijzeren pot

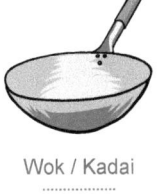

Wok / Kadai
wok / kadai

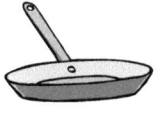

Pfanne
pan

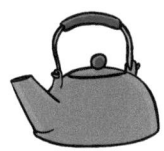

Wasserkocher
waterkoker

Dampfgarer

stoomkoker

Backblech

bakplaat

Geschirr

servies

Becher

mok

Schale

kom

Essstäbchen

eetstokjes

Suppenkelle

pollepel

Pfannenwender

spatel

Schneebesen

garde

Kochsieb

vergiet

Sieb

zeef

Reibe

rasp

Mörser

mortier

Grill

barbecue

Feuerstelle

haardvuur

Schneidebrett

snijplank

Nudelholz

deegrol

Korkenzieher

kurkentrekker

Dose

blik

Dosenöffner

blikopener

Topflappen

pannenlap

Waschbecken

gootsteen

Bürste

borstel

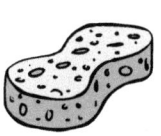

Schwamm

spons

Mixer

blender

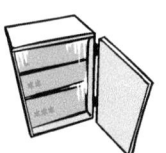

Gefriertruhe

vriezer

Babyflasche

papfles

Wasserhahn

kraan

Badezimmer
badkamer

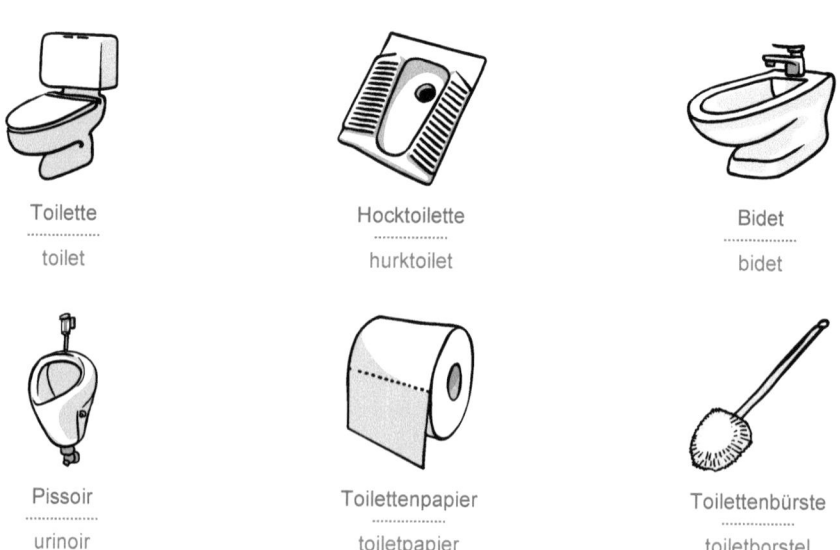

Heizung
verwarming
Handtuch
handdoek
Dusche
douche
Duschvorhang
douchegordijn
Schaumbad
bubbelbad
Badewanne
badkuip
Glas
glas
Waschmaschine
wasmachine
Wasserhahn
kraan
Fliesen
tegels
Töpfchen
kinderpo
Waschbecken
gootsteen

Toilette

toilet

Hocktoilette

hurktoilet

Bidet

bidet

Pissoir

urinoir

Toilettenpapier

toiletpapier

Toilettenbürste

toiletborstel

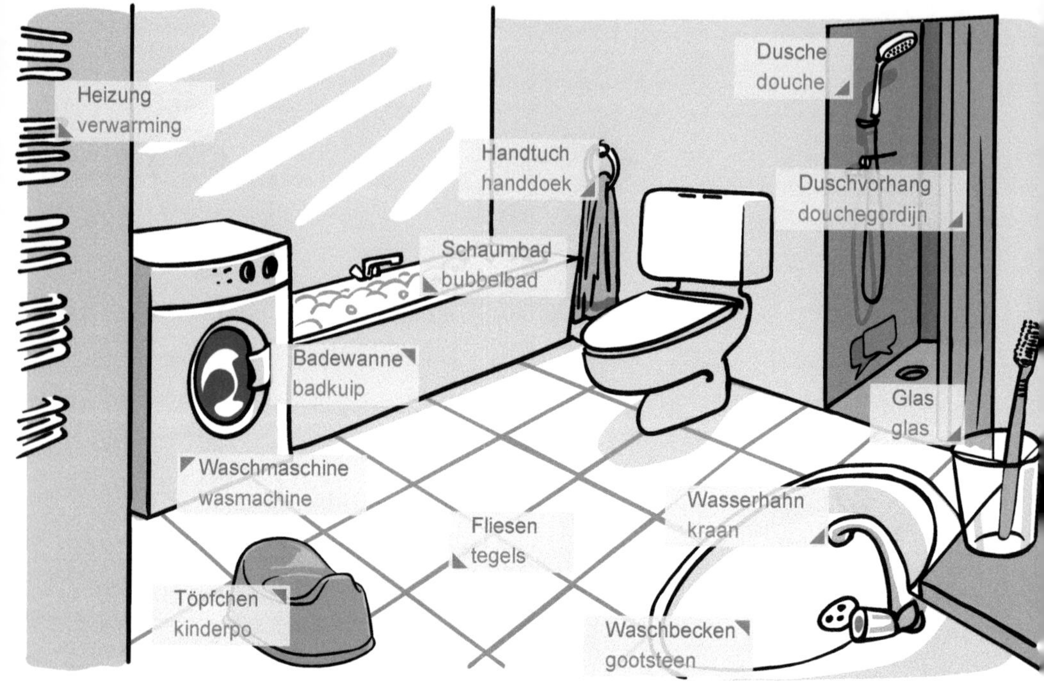

Zahnbürste

tandenborstel

Zahnpasta

tandpasta

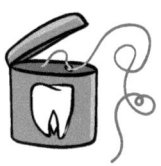

Zahnseide

flosdraad

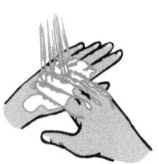

waschen

wassen

Handbrause

handdouche

Intimdusche

bidethanddouche

Waschschüssel

waskom

Rückenbürste

rugborstel

Seife

zeep

Duschgel

douchegel

Shampoo

shampoo

Waschlappen

washandje

Abfluss

afvoer

Creme

crème

Deodorant

deodorant

Spiegel

spiegel

Kosmetikspiegel

handspiegel

Rasierer

scheermes

Rasierschaum

scheerschuim

Rasierwasser

aftershave

Kamm

kam

Bürste

borstel

Föhn

haardroger

Haarspray

haarlak

Makeup

make-up

Lippenstift

lippenstift

Nagellack

nagellak

Watte

watten

Nagelschere

nagelknipper

Parfum

parfum

Kulturbeutel

toilettas

Hocker

kruk

Waage

weegschaal

Bademantel

badjas

Gummihandschuhe

latex handschoenen

Tampon

tampon

Damenbinde

maandverband

Chemietoilette

chemisch toilet

Kinderzimmer

kinderkamer

Wecker
wekker
Kuscheltier
knuffel
Spielzeugauto
speelgoedauto
Rassel
rammelaar
Puppenhaus
poppenhuis
Geschenk
geschenk

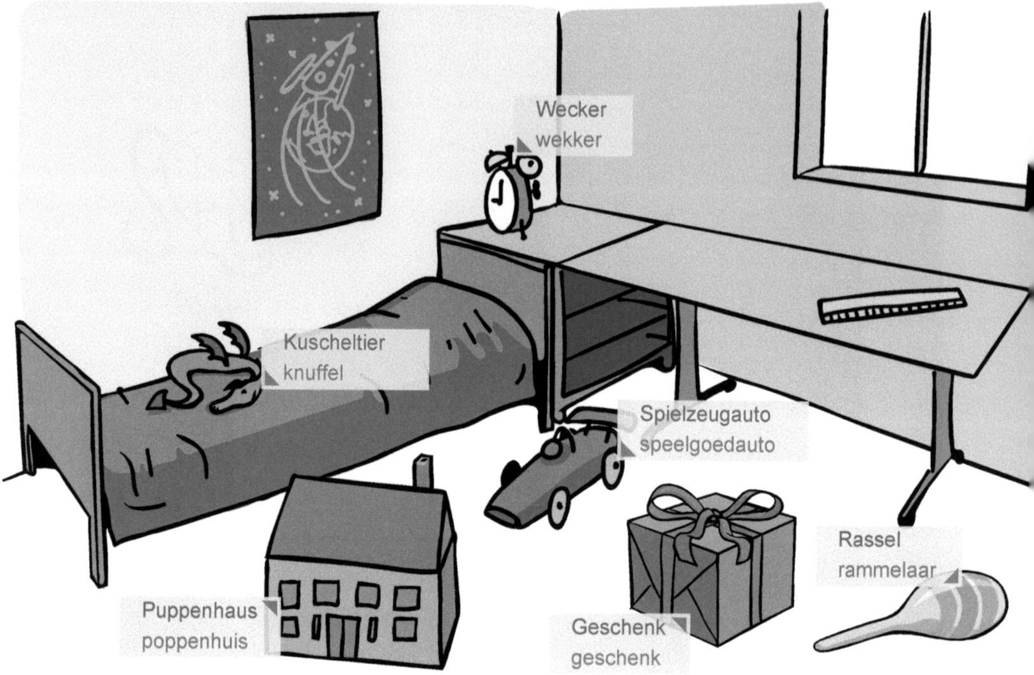

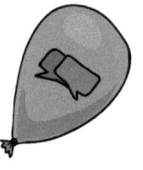

Ballon

ballon

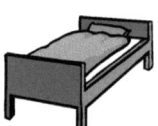

Bett

bed

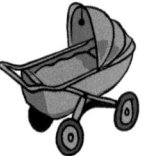

Kinderwagen

kinderwagen

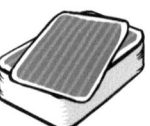

Kartenspiel

spel kaarten

Puzzle

puzzel

SUPER
MEGA

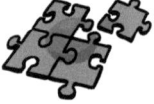

Comic

stripboek

Legosteine

legoblokjes

Bausteine

blokken

Action Figur

actiefiguur

Strampelanzug

kruippakje

Frisbee

frisbee

Mobile

mobiel

Brettspiel

bordspel

Würfel

dobbelsteen

Modelleisenbahn

modelspoorweg

Schnuller

fopspeen

Party

feest

Bilderbuch

prentenboek

Ball

bal

Puppe

pop

spielen

spelen

Sandkasten

zandbak

Schaukel

schommel

Spielzeug

speelgoed

Spielkonsole

spelconsole

Dreirad

driewieler

Teddy

knuffelbeer

Kleiderschrank

kleerkast

Kleidung
kleding

Socken

sokken

Strümpfe

kousen

Strumpfhose

maillot

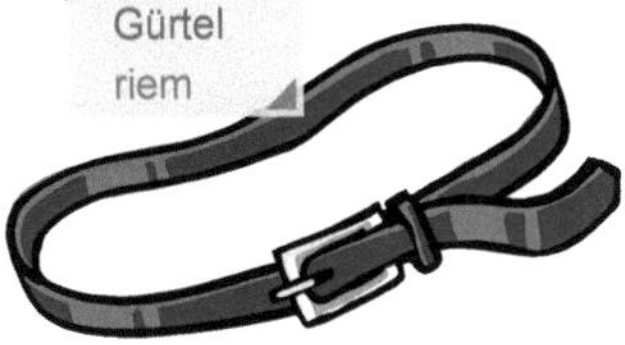

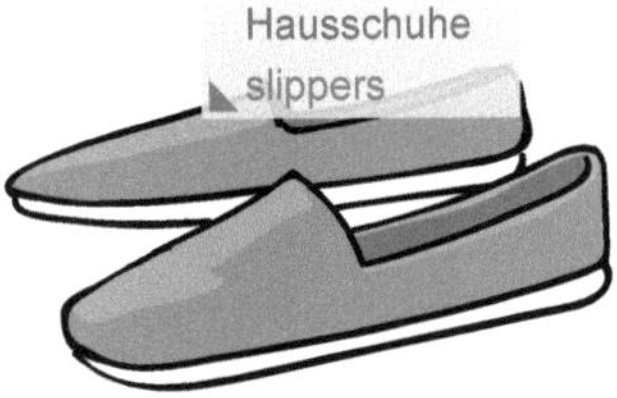

Schal
sjaal

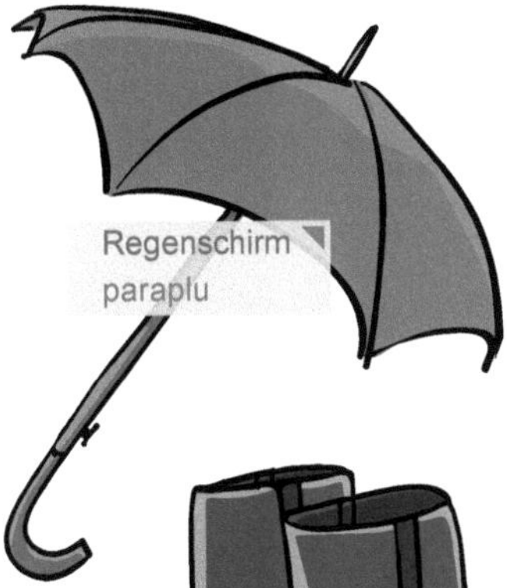

Regenschirm
paraplu

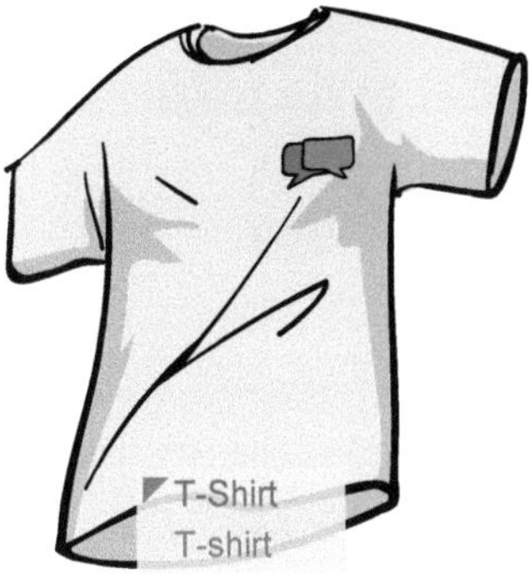

Gürtel
riem

T-Shirt
T-shirt

Stiefel
laarzen

Hausschuhe
slippers

Turnschuhe
sneakers

Sandalen
....
sandalen

Schuhe
....
schoenen

Gummistiefel
....
rubberlaarzen

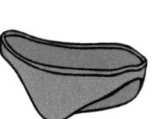

Unterhose
....
onderbroek

Büstenhalter
....
beha

Unterhemd
....
onderhemd

Body

lichaam

Hose

broek

Jeans

jeans

Rock

rok

Bluse

blouse

Hemd

hemd

Pullover

trui

Kapuzenpullover

capuchontrui

Blazer

blazer

Jacke

jas

Mantel

jas

Regenmantel

regenjas

Kostüm

kostuum

Kleid

jurk

Hochzeitskleid

trouwjurk

Anzug

pak

Nachthemd

nachthemd

Schlafanzug

pyjama

Sari

sari

Kopftuch

hoofddoek

Turban

tulband

Burka

boerka

Kaftan

kaftan

Abaya

abaya

Badeanzug

badpak

Badehose

zwembroek

Kurze Hose

short

Trainingsanzug

trainingspak

Schürze

schort

Handschuhe

handschoenen

Knopf

knoop

Brille

bril

Armband

armband

Halskette

ketting

Ring

ring

Ohrring

oorbel

Mütze

pet

Kleiderbügel

kapstok

Hut

hoed

Krawatte

das

Reißverschluss

rits

Helm

helm

Hosenträger

bretellen

Schuluniform

schooluniform

Uniform

uniform

Lätzchen
....
slabbetje

Schnuller
....
fopspeen

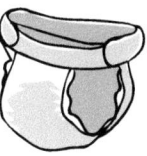

Windel
....
luier

Büro
kantoor

Server
server

Aktenschrank
dossierkast

Drucker
printer

Papier
papier

Monitor
monitor

Schreibtisch
bureau

Maus
muis

Ordner
map

Tastatur
toestenbord

Papierkorb
papiermand

Stuhl
stoel

Computer
computer

Kaffeebecher
....
koffiemok

Taschenrechner
....
rekenmachine

Internet
....
internet

Laptop

laptop

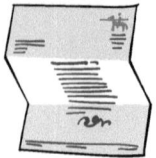

Brief

brief

Nachricht

bericht

Handy

gsm

Netzwerk

netwerk

Kopierer

kopieerapparaat

Software

software

Telefon

telefoon

Steckdose

stopcontact

Fax

fax

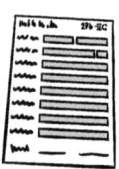

Formular

formulier

Dokument

document

kaufen

kopen

bezahlen

betalen

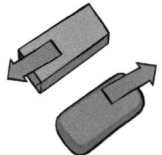

handeln

handelen

Geld

geld

Dollar

dollar

Euro

euro

Yen

yen

Rubel

roebel

Franken

Zwitserse frank

Renminbi Yuan

Chinese renminbi

Rupie

roepie

Geldautomat

geldautomaat

Wechselstube

wisselkantoor

Gold

goud

Silber

zilver

Öl

olie

Energie

energie

Preis

prijs

Vertrag

contract

Steuer

belasting

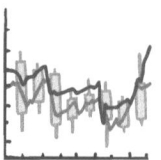

Aktie

aandeel

arbeiten

werken

Angestellter

werknemer

Arbeitgeber

werkgever

Fabrik

fabriek

Geschäft

winkel

Berufe
beroepen

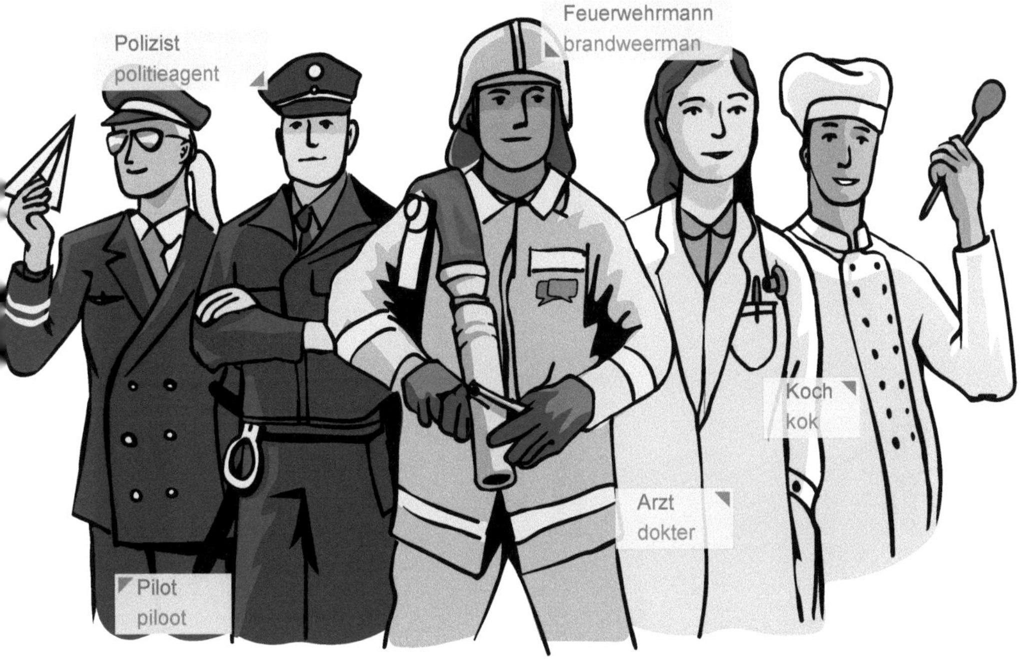
Polizist
politieagent
Feuerwehrmann
brandweerman
Koch
kok
Arzt
dokter
Pilot
piloot

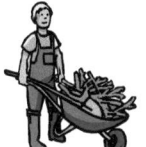

Gärtner

tuinman

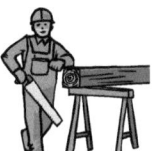

Tischler

timmerman

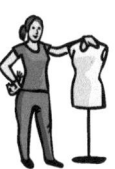

Näherin

naaister

Richter

rechter

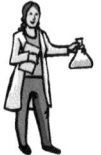

Chemiker

chemicus

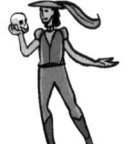

Schauspieler

acteur

Busfahrer

buschauffeur

Taxifahrer

taxichauffeur

Fischer

visser

Putzfrau

schoonmaakster

Dachdecker

dakdekker

Kellner

ober

Jäger

jager

Maler

schilder

Bäcker

bakker

Elektriker

elektricien

Bauarbeiter

bouwvakker

Ingenieur

ingenieur

Schlachter

slager

Klempner

loodgieter

Postbote

postbode

Soldat

soldaat

Architekt

architect

Kassierer

kassier

Florist

bloemist

Friseur

kapper

Schaffner

conducteur

Mechaniker

mecanicien

Kapitän

kapitein

Zahnarzt

tandarts

Wissenschaftler

wetenschapper

Rabbi

rabbijn

Imam

imam

Mönch

monnik

Geistlicher

geestelijke

Werkzeuge
werktuigen

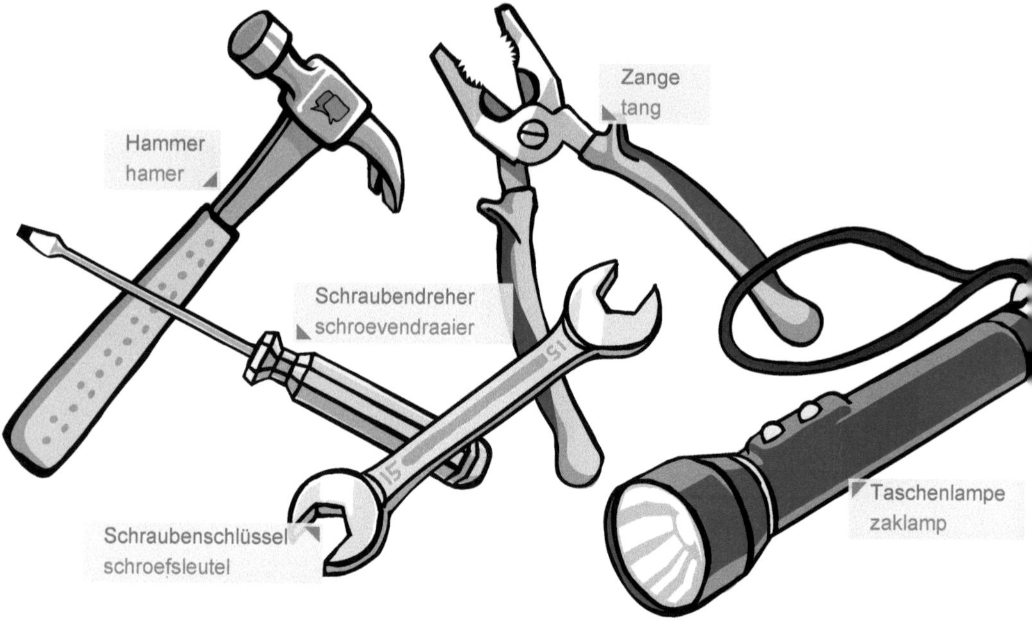
Zange
tang
Hammer
hamer
Schraubendreher
schroevendraaier
Taschenlampe
zaklamp
Schraubenschlüssel
schroefsleutel

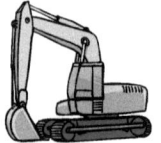

Bagger

graafmachine

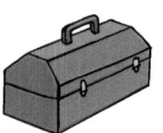

Werkzeugkasten

gereedschapskoffer

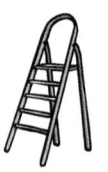

Leiter

ladder

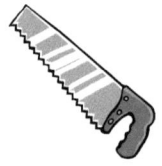

Säge

zaag

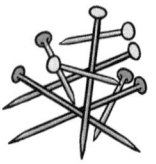

Nägel

spijkers

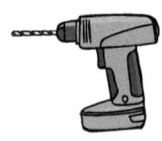

Bohrer

boormachine

reparieren
repareren

Schaufel
schop

Mist!
Verdomme!

Kehrblech
blik

Farbtopf
verfpot

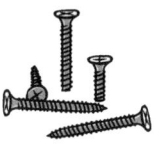

Schrauben
schroeven

Musikinstrumente
muziekinstrumenten

Schlagzeug
drumstel

Lautsprecher
luidspreker

Gitarre
gitaar

Kontrabass
contrabas

Trompete
trompet

Klavier

piano

Violine

viool

Bass

basgitaar

Pauke

pauk

Trommeln

trommels

Keyboard

keyboard

Saxophon

saxofoon

Flöte

fluit

Mikrofon

microfoon

Zoo

zoo

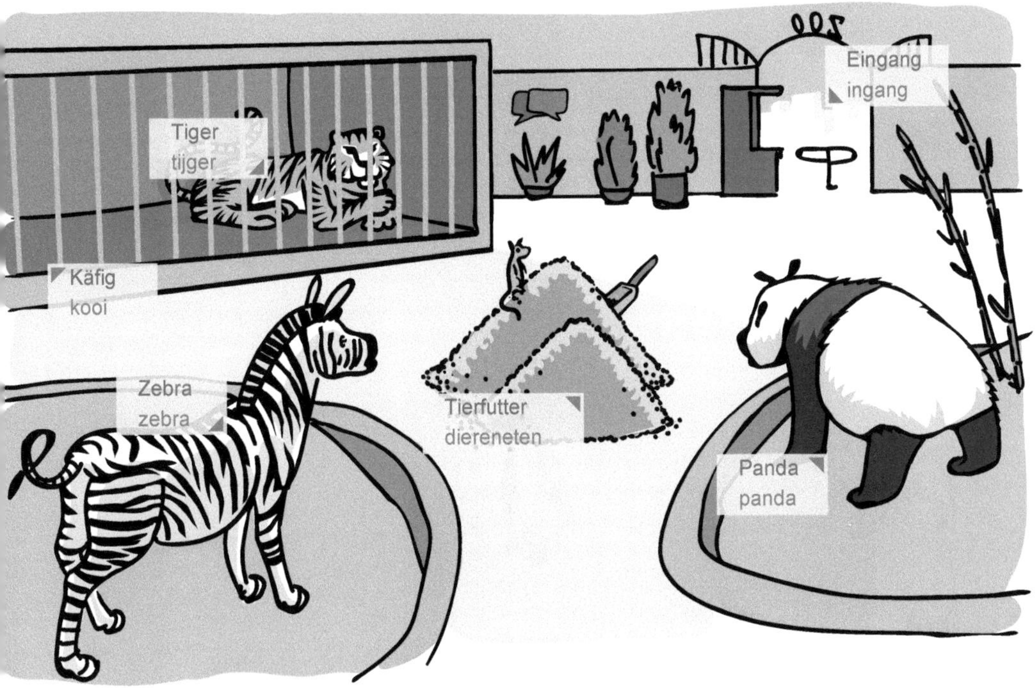

Tiger
tijger
Käfig
kooi
Zebra
zebra
Tierfutter
diereneten
Eingang
ingang
Panda
panda

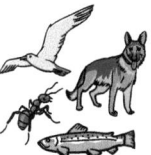

Tiere

dieren

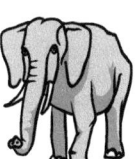

Elefant

olifant

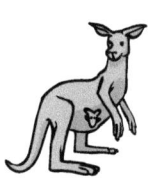

Känguru

kangoeroe

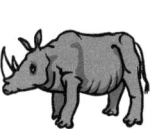

Nashorn

neushoorn

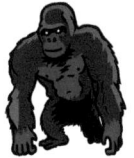

Gorilla

gorilla

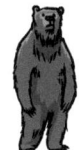

Bär

beer

Kamel

kameel

Strauß

struisvogel

Löwe

leeuw

Affe

aap

Flamingo

flamingo

Papagei

papegaai

Eisbär

ijsbeer

Pinguin

pinguïn

Hai

haai

Pfau

pauw

Schlange

slang

Krokodil

krokodil

Zoowärter

dierenverzorger

Robbe

zeehond

Jaguar

jaguar

Pony

pony

Leopard

luipaard

Nilpferd

nijlpaard

Giraffe

giraffe

Adler

adelaar

Wildschwein

wild zwijn

Fisch

vis

Schildkröte

zeeschildpad

Walross

walrus

Fuchs

vos

Gazelle

gazelle

Zoo - zoo

American Football
rugby

Radfahren
wielrennen

Tennis
tennis

Basketball
basketbal

Schwimmen
zwemmen

Boxen
boksen

Eishockey
ijshockey

Fußball

voetbal

Badminton

badminton

Leichtathletik

atletiek

Handball

handbal

Skilaufen

skiën

Polo

polo

lachen
lachen

springen
springen

umarmen
knuffelen

gehen
wandelen

singen
zingen

träumen
dromen

beten
bidden

küssen
kussen

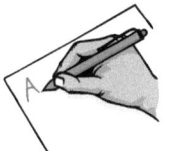

schreiben

schrijven

zeichnen

tekenen

zeigen

tonen

drücken

duwen

geben

geven

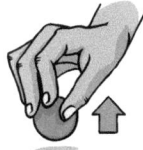

nehmen

nemen

haben
hebben

tun
doen

sein
zijn

stehen
staan

laufen
lopen

ziehen
trekken

werfen
gooien

fallen
vallen

liegen
liggen

warten
wachten

tragen
dragen

sitzen
zitten

anziehen
aankleden

schlafen
slapen

aufwachen
ontwaken

ansehen

kijken naar

weinen

wenen

streicheln

aaien

kämmen

kammen

reden

praten

verstehen

begrijpen

fragen

vragen

hören

luisteren

trinken

drinken

essen

eten

aufräumen

opruimen

lieben

houden van

kochen

koken

fahren

rijden

fliegen

vliegen

segeln

zeilen

rechnen

rekenen

lesen

Lezen

lernen

leren

arbeiten

werken

heiraten

trouwen

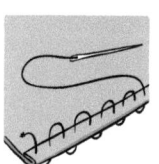

nähen

naaien

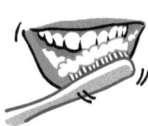

Zähne putzen

tandenpoetsen

töten

doden

rauchen

roken

senden

sturen

Großmutter
grootmoeder

Großvater
grootvader

Vater
vader

Mutter
moeder

Baby
baby

Tochter
dochter

Sohn
zoon

Gast

gast

Tante

tante

Onkel

oom

Bruder

broer

Schwester

zus

Familie - familie

Körper
lichaam

Stirn
voorhoofd
Auge
oog
Schulter
schouder
Finger
vinger
Gesicht
gezicht
Kinn
kin
Hand
hand
Brust
borst
Bein
been
Arm
arm

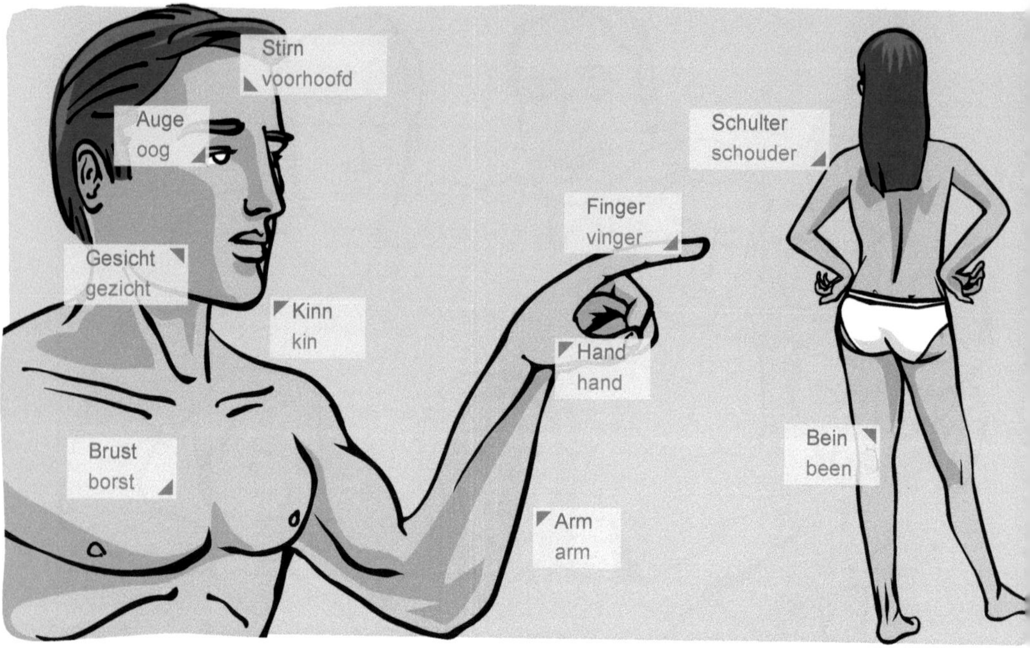

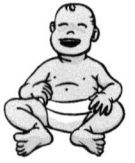

Baby
baby

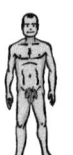

Mann
man

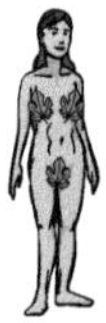

Frau
vrouw

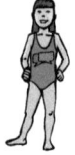

Mädchen
meisje

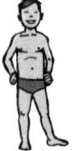

Junge
jongen

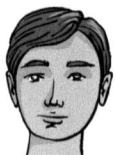

Kopf
hoofd

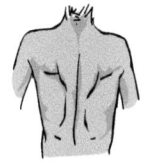

Rücken

rug

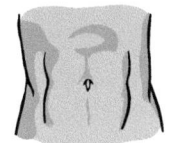

Bauch

buik

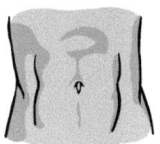

Nabel

navel

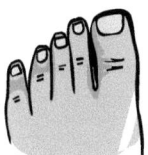

Zeh

teen

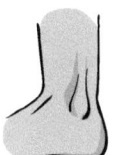

Ferse

hiel

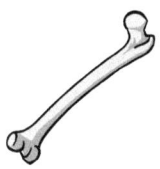

Knochen

bot

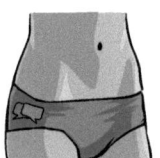

Hüfte

heup

Knie

knie

Ellenbogen

elleboog

Nase

neus

Gesäß

zitvlak

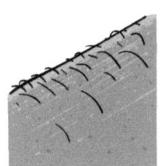

Haut

huid

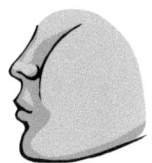

Wange

wang

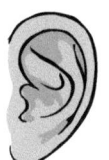

Ohr

oor

Lippe

lip

Mund

mond

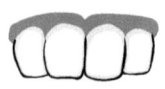

Zahn

tand

Zunge

tong

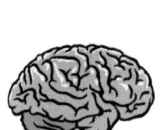

Gehirn

hersenen

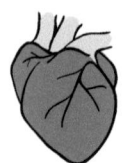

Herz

hart

Muskel

spier

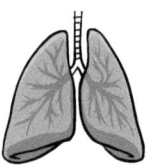

Lunge

long

Leber

lever

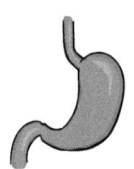

Magen

maag

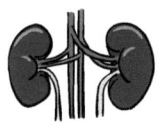

Nieren

nieren

Geschlechtsverkehr

seks

Kondom

condoom

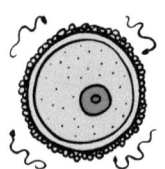

Eizelle

eicel

Sperma

sperma

Schwangerschaft

zwangerschap

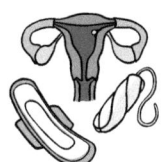

Menstruation

menstruatie

Vagina

vagina

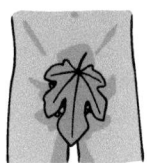

Penis

penis

Augenbraue

wenkbrauw

Haar

haar

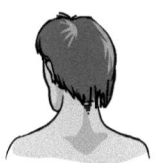

Hals

nek

Körper - lichaam

Krankenhaus
ziekenhuis

Krankenhaus
ziekenhuis

Krankenwagen
ambulance

Rollstuhl
rolstoel

Bruch
breuk

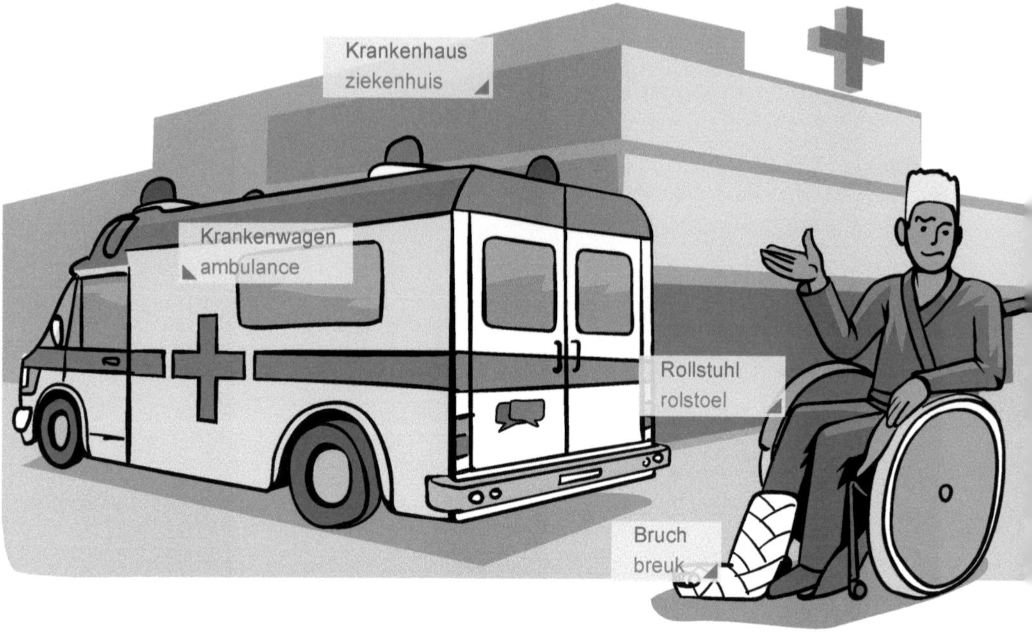

Arzt

dokter

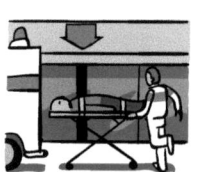

Notaufnahme

spoed

Krankenschwester

verpleegkundige

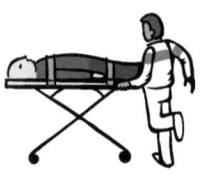

Notfall

noodgeval

ohnmächtig

bewusteloos

Schmerz

pijn

Verletzung

verwonding

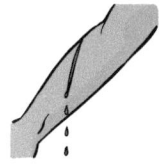

Blutung

bloeding

Herzinfarkt

hartaanval

Schlaganfall

beroerte

Allergie

allergie

Husten

hoest

Fieber

koorts

Grippe

griep

Durchfall

diarree

Kopfschmerzen

hoofdpijn

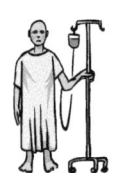

Krebs

kanker

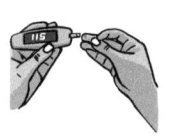

Diabetis

diabetes

Chirurg

chirurg

Skalpell

scalpel

Operation

operatie

CT
CT

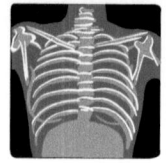

Röntgen
röntgenstraal

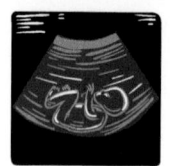

Ultraschall
ultrageluid

Maske
gezichtsmasker

Krankheit
ziekte

Wartezimmer
wachtkamer

Krücke
kruk

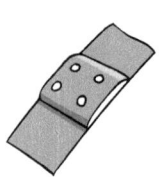

Pflaster
pleister

Verband
verband

Injektion
injectie

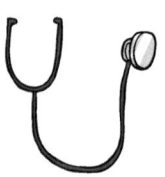

Stethoskop
stethoscoop

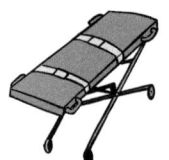

Trage
brancard

Thermometer
thermometer

Geburt
geboorte

Übergewicht
overgewicht

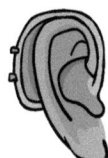

Hörgerät

hoorapparaat

Desinfektionsmittel

ontsmettingsmiddel

Infektion

infectie

Virus

virus

HIV / AIDS

HIV / AIDS

Medizin

medicijn

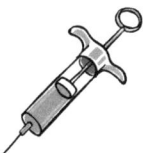

Impfung

vaccinatie

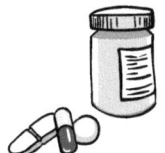

Tabletten

tabletten

Pille

pil

Notruf

noodoproep

Blutdruck-Messgerät

bloeddrukmeter

krank / gesund

ziek / gezond

Hilfe!

Help!

Alarm

alarm

Überfall

overval

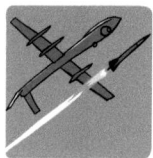

Angriff

aanval

Gefahr

gevaar

Notausgang

nooduitgang

Feuer!

Brand!

Feuerlöscher

brandblusser

Unfall

ongeval

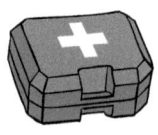

Erste-Hilfe-Koffer

EHBO-kit

SOS

SOS

Polizei

politie

Europa

Europa

Nordamerika

Noord-Amerika

Südamerika

Zuid-Amerika

Afrika

Afrika

Asien

Azië

Australien

Australië

Atlantik

Atlantische Oceaan

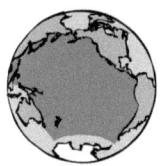

Pazifik

Stille Oceaan

Indischer Ozean

Indische Oceaan

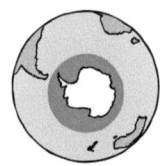

Antarktischer Ozean

Antarctische Oceaan

Arktischer Ozean

Arctische Oceaan

Nordpol

Noordpool

Südpol

Zuidpool

Antarktis

Antarctica

Erde

aarde

Land

land

Meer

zee

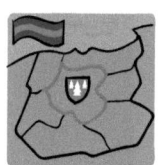

Insel

eiland

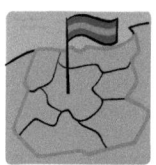

Nation

natie

Staat

staat

Zifferblatt

wijzerplaat

Stundenzeiger

uurwijzer

Minutenzeiger

minuutwijzer

Sekundenzeiger

secondewijzer

Wie spät ist es?

Hoe laat is het?

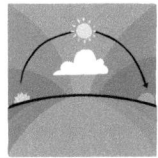

Tag

dag

Zeit

tijd

jetzt

nu

Digitaluhr

digitale horloge

Minute

minuut

Stunde

uur

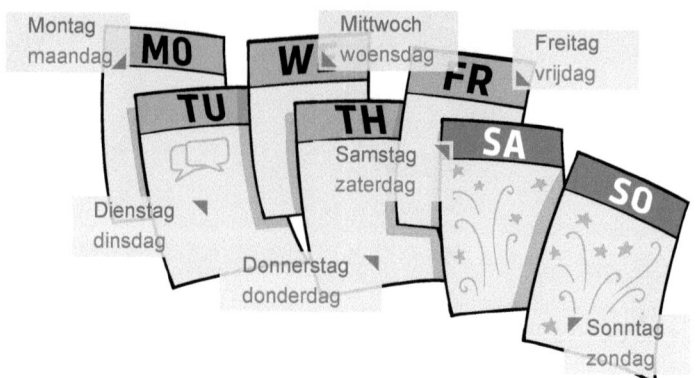

gestern
....
gisteren

heute
....
vandaag

morgen
....
morgen

Morgen
....
ochtend

Mittag
....
middag

Abend
....
avond

Arbeitstage
....
werkdagen

Wochenende
....
weekend

Jahr
jaar

Regen
regen
Regenbogen
regenboog
Wind
wind
Schnee
sneeuw
Frühling
lente
Sommer
zomer
Herbst
herfst
Winter
winter

4.APRIL 11°
5.APRIL 4°
6.APRIL 13°
7.APRIL 8°
8.APRIL 10°

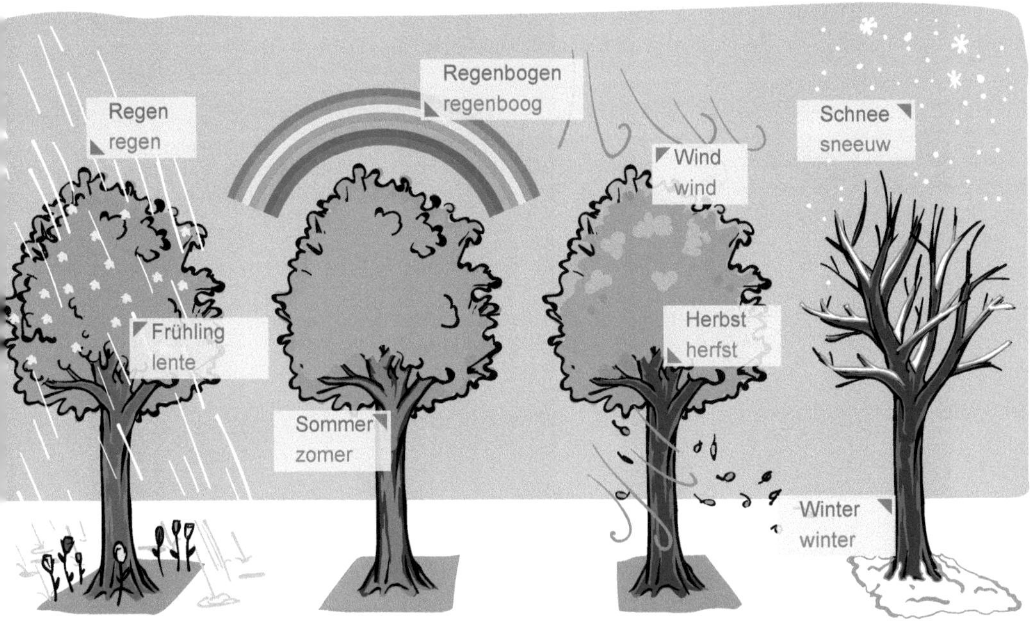

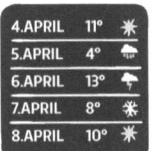

Wettervorhersage

weervoorspelling

F C
120 40
90 30
60 20
30 10
0 0
-30 -10
-20

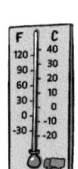

Thermometer

thermometer

Sonnenschein

zonneschijn

Wolke

wolk

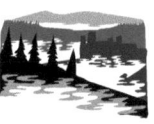

Nebel

mist

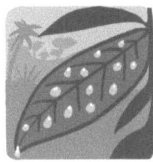

Luftfeuchtigkeit

vochtigheid

Blitz

bliksem

Donner

donder

Sturm

storm

Hagel

hagel

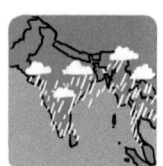

Monsun

moesson

Flut

overstroming

Eis

ijs

Januar

januari

Februar

februari

März

maart

April

april

Mai

mei

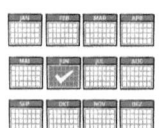

Juni

juni

Juli

juli

August

augustus

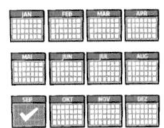

September
....
september

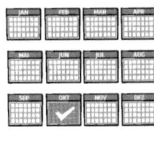

Oktober
....
oktober

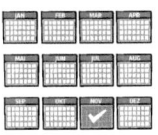

November
....
november

Dezember
....
december

Formen

vormen

Kreis
....
cirkel

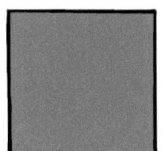

Quadrat
....
kwadraat

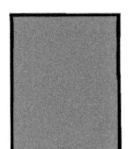

Rechteck
....
rechthoek

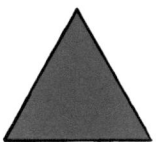

Dreieck
....
driehoek

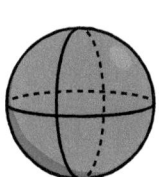

Kugel
....
bol

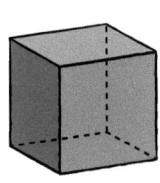

Würfel
....
kubus

weiß
....
wit

gelb
....
geel

orange
....
oranje

pink
....
roze

rot
....
rood

lila
....
paars

blau
....
blauw

grün
....
groen

braun
....
bruin

grau
....
grijs

schwarz
....
zwart

viel / wenig

veel / weinig

wütend / friedlich

boos / kalm

hübsch / hässlich

mooi / lelijk

Anfang / Ende

begin / einde

groß / klein

groot / klein

hell / dunkel

licht / donker

Bruder / Schwester

broer / zus

sauber / schmutzig

proper / vuil

vollständig / unvollständig

volledig / onvolledig

Tag / Nacht

dag / nacht

tot / lebendig

dood / levend

breit / schmal

breed / smal

genießbar / ungenießbar

eetbaar / oneetbaar

böse / freundlich

kwaadaardig / vriendelijk

aufgeregt / gelangweilt

opgewonden / verveeld

dick / dünn

dik / dun

zuerst / zuletzt

eerst / laatst

Freund / Feind

vriend / vijand

voll / leer

vol / leeg

hart / weich

hard / zacht

schwer / leicht

zwaar / licht

Hunger / Durst

honger / dorst

krank / gesund

ziek / gezond

illegal / legal

illegaal / legaal

intelligent / dumm

intelligent / dom

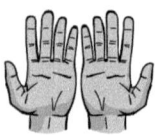

links / rechts

links / rechts

nah / fern

dichtbij / veraf

neu / gebraucht

nieuw / gebruikt

nichts / etwas

niets / iets

alt / jung

oud / jong

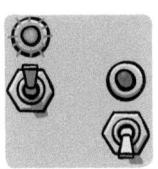

an / aus

aan / uit

offen / geschlossen

open / dicht

leise / laut

stil / luid

reich / arm

rijk / arm

richtig / falsch

juist / fout

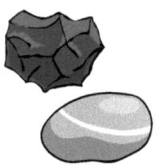

rau / glatt

ruw / glad

traurig / glücklich

droevig / blij

kurz / lang

kort / lang

langsam / schnell

traag / snel

nass / trocken

nat / droog

warm / kühl

warm / koud

Krieg / Frieden

oorlog / vrede

0

null

nul

1

eins

één

2

zwei

twee

3

drei

drie

4

vier

vier

5

fünf

vijf

6

sechs

zes

7

sieben

zeven

8

acht

acht

9

neun

negen

10

zehn

tien

11

elf

elf

12

zwölf

twaalf

13

dreizehn

dertien

14

vierzehn

veertien

15

fünfzehn

vijftien

16

sechzehn

zestien

17

siebzehn

zeventien

18

achtzehn

achtien

19

neunzehn

negentien

20

zwanzig

twintig

100

hundert

honderd

1.000

tausend

duizend

1.000.000

million

miljoen

Englisch

Engels

Amerikanisches Englisch

Amerikaans Engels

Chinesisch Mandarin

Chinees (Mandarijn)

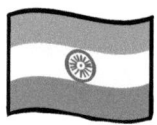

Hindi

Hindi

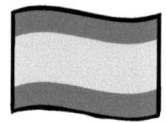

Spanisch

Spaans

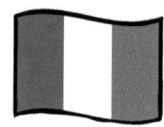

Französisch

Frans

Arabisch

Arabisch

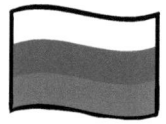

Russisch

Russisch

Portugiesisch

Portugees

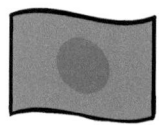

Bengalisch

Bengali

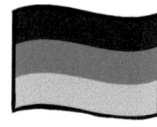

Deutsch

Duits

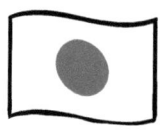

Japanisch

Japans

ich
....
ik

du
....
u

er / sie / es
....
hij / zij / het

wir
....
wij

ihr
....
u

sie
....
ze

wer?
....
wie?

was?
....
wat?

wie?
....
hoe?

wo?
....
waar?

wann?
....
wanneer?

Name
....
naam

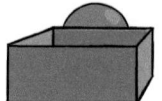

hinter
....
achter

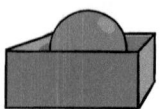

in
....
in

vor
....
voor

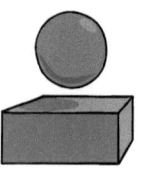

über
....
boven

auf
....
op

unter
....
onder

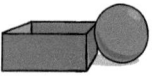

neben
....
naast

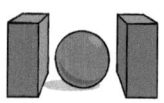

zwischen
....
tussen

Ort
....
plaats